AF546142

Steffi Neu

Das kleine Buch vom Kindsein am Niederrhein

Mercator

Inhalt

Jungsein — was ist das?

Vielleicht das: Jung sind wir, solange wir auf die Zukunft neugierig sind.

Alt werden wir, wenn wir uns mehr an der Vergangenheit erfreuen als an der Gegenwart.

Und alt sind wir, wenn wir in der Vergangenheit leben.

Jung zu sein ist also nur zweitrangig eine Frage des Alters. Jungsein ist eine Lebenshaltung. Am Niederrhein jung zu sein, ist auch eine Herausforderung. Am Niederrhein aufzuwachsen, hier Kind sein zu dürfen, ein Geschenk. Für mich war und ist es das. Weil ich immer noch ein bisschen Kind sein darf und ein Kind des Niederrheins bleiben werde.

Warum, das erfahren Sie in diesem Buch. Sehen Sie es als eine Liebeserklärung an diese Region, an mein Zuhause. Vielleicht auch Ihres? Wäre schön.

Ihre
Steffi Neu

Schweine holen

Wer fährt mit Schweine holen?" Wenn Papa das ruft an einem Samstag, sind meine Schwester und ich immer hellauf begeistert. Mit Papa Schweine holen zu fahren, das heißt: Der Pferdehänger wird angehängt und wir fahren verschiedene Bauern ab, um da Ferkel abzuholen. Ferkel, die mein Vater kauft, um sie zu Hause schlachtfertig zu füttern. Aber bevor meine Schwester und ich uns entschließen, mitzufahren, muss erst die wichtigste Frage geklärt werden: Wo fahren wir heute hin?

Bei Diepmann gibt es immer Schokolade in der Küche, bei Alexander bekommen wir Kinder Malstifte, bei Lisbeth ist der liebe Dackel Baffi, mit dem wir gerne spielen, und bei Tante Dünk ist ein Hund, der immer nur hinter der Tür kläfft, weil er niemanden leiden kann. Dafür gibt's Limonade auf dem Sofa in der Küche. Und bei Gembler kriegen wir Gummibärchen. Außerdem haben die einen Kanarienvogel in der Küche, den wir sehr spannend finden. Die Aufenthalte auf den einzelnen Gehöften dauern nie lange. Aber die Zeit, die Papa braucht, um Ferkel aufzuladen und nachher zu bezahlen, wissen wir Kinder durchaus sinnvoll zu nutzen. Und darum fahren wir gerne mit.

Schlachtfertige Schweine wurden zum „Keu" gebracht. Schlachthof Keuken in Uedem. Noch heute weiß ich, wo im Haus der Keukens der Schnuppischrank ist. Rein, rechts ins Büro, links in eine andere Tür rein, und da rechts im Wandschrank, da liegt immer allerhand leckeres Zeug für uns Kinder. Und selbst wenn Papa über schlechte Schweinepreise jammerte, wir Kinder haben auf unsere Art Reibach gemacht. In der damals für uns geltenden Währung.

Schweine holen

Der „Keu", der Schlachthof-Chef, zu dem wir mit Papa Schweine gebracht haben. Hatte immer Schnupp für uns Kinder im Wandschrank rechts hinter der Tür.

Einschulung 1977 vs. 2009

Unser Sohn Fritz ist im Sommer 2009 in die Schule gekommen. Schon im Januar vorher werde ich von anderen Müttern gefragt, ob wir schon einen „Törrie" (hochdeutsch: Tornister) haben. Ich bin erstaunt. Wieso so früh eine Schultasche kaufen?

In einem Schreibwarenladen frage ich bei Gelegenheit nach, weil die Verkäuferin sich gerade mit ihrer Kollegin über dieses Thema unterhält: Es gäbe von bestimmten Tornistern nur eine limitierte Auflage, das Gewicht müsse stimmen, Zubehör auch, damit das Ganze mit 130 Euro getan sei.

130 Euro??? Mir fallen Augen und Ohren aus dem Kopf, und der spontane Gedanke kommt, dass ich diese Aufgabe an Oma und Opa delegieren sollte. Dennoch: Haben meine Eltern damals in

Der Pony ist schief geschnitten. Scheint ein Selbstversuch gewesen zu sein im ersten Schuljahr … Aber das mit dem Lesen scheint zu klappen, zumindest liegt das Buch richtig herum.

den 1970ern so viel Geld für eine Schultasche ausgegeben? Eine neue Hose, eine neue Jacke, ja, aber nur, damit das Einschulungsfoto mit der Schultüte im Arm nachhaltig keine Auswirkungen auf dem Heiratsmarkt hat.

Ich laufe zu Mama. „Mama, wann habe ich damals einen Tornister gekriegt, und was hat der gekostet? Und wer hat den eigentlich ausgesucht? Und wie lange habe ich den gehabt?"

Ich weiß noch, dass mein „Törrie" ein grüner war. Aus diesem Styroporplastiksynthetikzeugs. Mit orangenen Seitentaschen mit Reißverschluss. Weiß, dass das Ding gestunken hat irgendwann, weil ich mein Käsebutterbrot eben in dieser Seitentasche vergessen hatte. Über Wochen. So viel über den täglichen Einsatz dieser Taschen.

Mama erinnert sich: Dass es um Ostern war, dass der um die 50 Mark gekostet hat, dass ich auf jeden Fall dabei war, und Mama weiß sogar noch, in welchem Laden wir den gekauft haben. Im damals noch existierenden Taschengeschäft in unserer Gemeinde.

Vier Jahre hat er gehalten, dann, mit dem Wechsel aufs Gymnasium, gab's einen neuen. Den Tornister, den ich erst lieb hatte, dann gehasst habe und heute wieder lieb hätte, wenn ich ihn wiederfände. Ein knatschgrüner aus dickem, echtem Leder. Handgemacht vom Sattler im Ort, von „Röbb" – Robert Terlinden. Ein richtiges handfestes Gerät ohne Schnickschnack. Würde ich heute sofort als Arbeitstasche in Gebrauch nehmen. Aber: Wo ist der? Mama fragen: „Bei uns auf'm Söller, da liegt noch 'ne Ledertasche von dir!" Sie hat Recht. Mütter halt. Und jetzt, wo ich meinen grünen „Törrie" wiederhabe, bewiesen habe, dass die echt was fürs Leben sind, da könntest du doch, Mama, die Tornisterausstattung für unseren Fritz …?

Karneval

Ja, ich habe ihn, diesen „Gendefekt", wie mein westfälischer WDR2-Kollege Matthes Bongard gerne spöttisch anmerkt. Er meint damit das Karnevals-Gen. Dieses Gehibbel, die Ausgelassenheit, sobald „dat Trömmelsche jet" und die dicken Mädchen schöne Namen haben. Dass das so ist, habe ich nie als Besonderheit wahrgenommen. Karneval und Geckerei, für mich als Kind vom Niederrhein eine Selbstverständlichkeit. Als ich merkte, dass andere anders sind, wurde mir anders!

Bei uns im Dorf ins erste Schuljahr zu kommen, heißt für die Mädchen bis heute: Jetzt dürfen wir ins Mini-Queekenballett! Unsere Karnevalsgesellschaft heißt Queekespiere, und dieser Verein war für mich schon immer eine Institution. Ist er bis heute. Wir kleinen Mädchen üben unter Anleitung von Maria (gleichzeitig auch unsere Akkordeon-Lehrerin) das Stampfen im Takt, schön hoch die Knie! Wir tanzen als Heidi zu der Musik von Heidi, wir sind Schlümpfe, wir sind Pippi Langstrumpf – und wer Radschlag kann und halbwegs grazil auf zwei Beinen landet, ist gesetzt. Die anderen gestellt, in die hintere Reihe …

Weil wir so viele Mädchen sind, werden wir damals in zwei Gruppen aufgeteilt. Bei vier Karnevalssitzungen darf also jeder zweimal. Vier Sitzungen gibt es deshalb, in dem kleinen, verrauchten, aber proppevollen Saal vom „Blauen Bock", in den nicht alle Sitzungsbesucher reinpassen (nur etwa 250 pro Abend).

Die Atmosphäre, die Aufregung, die Enge, das Gewusel, die Musik, der Tusch, die Lacher, auch das Gerede hinterher – das ist Karneval. Vier Jahre Mini-Queekenballett, dann Pause, dann – mit 17 Jahren – dürfen wir ins „große" Ballett. Da tanzen die Mädchen einen richtigen Gardetanz, sogar Showtanz, tragen Büstenhalter und wackeln mit den Schultern.

Das ist für mich als 13-jähriges Mädchen das Vorbild vom „Groß sein". Ins große Queekenballett zu kommen, das ist erklärtes Ziel.

Miniballett der Queekespiere (1980); ich bin die Vierte von links.

Karneval

Ja, ich war Funkemariechen mit Leidenschaft, bin das als Radiofrau auch. Und die Kollegen merken gerne an, dass „Funk" ja die eine und andere Bedeutung hat.

Um den dörflichen karnevalistischen Höhepunkt nicht zu vergessen: Am Rosenmontag ist unser Dorf zu klein, wir haben einen eigenen Rosenmontagszug, wir sind in Sachen Karneval vorne mit dabei. Da kann sich Köln auf den Kopf stellen: Karneval gehöre ich in mein Dorf. Und viele andere auch, die mittlerweile in anderen Städten leben. Karneval im Heimatdorf, das heißt Aufregung, Enge, vertraut fühlen, Gemeinschaft erleben. Das dorfeigene Queekenlied, die Hymne, auswendig zu kennen, ist eine Frage der Ehre: „Queeke, on dat segge wej ohne te liege, dij sin alsoläädwe nit onder te kriege. Sej wassen on gräuje, jo bes dat öhr dänn Heer nor dänn Osel hier onder, dann dänn Hemmel geft weer."

Warum der Karnevalsfotograf gerne diese Perspektive wählte? Natürlich um zu zeigen, wie hoch wir Keppelner Queekenballettmädchen die Beine werfen konnten. Das Bein in der Luft rechts ist von mir (1987).

Mundart

Steffken, hördes (Steffi, hör mal.) Eck mot es noar Kleef foare, wäges dat eck neje Schuun häbbe mot. (Ich muss mal nach Kleve neue Schuhe kaufen.) Än wäges ennen nejen Beujs köwwej ock noar Martens noar dij Palz or noar Boot in Wessel foahre. (Und wegen einer neuen Jacke können wir auch zu Martens in Pfalzdorf oder zu Boot in Wissel fahren.) Könnt gej min brenge? (Kannst du mich bringen?)

Klar, schließlich bleibt am Ende für die Fahrerin noch was übrig … Selten, aber manchmal spricht meine Großtante Maria, genannt „Tanti", so zu mir. Und weil sie einen ordentlichen Zuschuss zu meinem kleinen Polo gegeben hatte, sie außerdem selten weiter vor die Tür kommt als 2000 Meter (in diesem Radius lagen Frisör „Dölf", der Supermarkt von „Tante Leni" und die Kirche), ist das Ehrensache. Klamotten kaufen mit der über 80-jährigen „Tanti" ist ein Happening. Sie hat ihr Lebtag nicht gewusst, was ein Happening ist, „Gedöns" hätte sie verstanden. Oder „Gedüj". Sozusagen bin ich – wie andere Kinder vom Niederrhein auch – dreisprachig aufgewachsen. Hochdeutsch (mit liebenswerten Knubbeln), neudeutsch (auch mit Knubbeln) und Plattdeutsch. Das ist ein Knubbel. Aber der liebenswerteste. „Käppels Platt", das Plattdeutsch aus meinem Dorf, das gehört dazu. Damit bin ich groß geworden. Meine Eltern, meine Geschwister, alle verstehen es, mein Vater und mein Bruder lassen diese Sprache leben. Auch meine Schwester ist topfit, weil sie als Gastronomin im Dorf die entsprechende Klientel an der Theke hat. Und meine Mutter ist immer schon Plattdeutsch-Expertin gewesen. Ein typischer Dialog mit unserer Tanti, wenn sie mich von Weitem sieht, aber nicht erkennen kann, wer es ist: „Steffken, sit gej dat?" (Steffi, bist du das?) „Ja, Tanti." „Gott, Därn, wat het gej vandaag dij Höör wär weld hange!" (Gott, Mädchen, was hast du heute die Haare wieder wild hängen!)

Papa ist diesbezüglich auch eine Stütze. Als ich aufs Gymnasium komme und Englisch lerne, bringt er mir folgenden Satz bei: „Än now isse am brella, än sow isse am backe." Natürlich glaube ich damals, dass das Englisch ist, obwohl ich

weiß, dass Papa nie Englisch gelernt hat. Als der Lehrer dann fragt, wer schon Englisch kann, zeige ich natürlich auf und sage meinen Satz. Naja, wer kann schon im 5. Schuljahr „umbrella" sagen …
Das Platt ist bis heute in meiner Sprache dabei: Ausdrücke wie „Chottantoch" (Gott neee) oder „Verdammichnogäns", alternativ „Verdölltnochens" (Verdammtnochmal), „Dat bat nex" (Das nutzt nichts) oder das Gegenteil „Alle betjes baate" (Kleinvieh macht auch Mist) gehören zum täglichen Wortschatz. Platt ist toll. Ich liebe diese Sprache und würde sie gerne öfter sprechen. Aber dann sagen die, die sie besser können, das sei falsches Platt. Dann ist Mundhalten die sicherere Variante. Schade.
Dennoch, wir geben Platt weiter: Wenn unsere Tochter sich eigenständig Anziehsachen aus dem Schrank geholt und angezogen hat, „steht sie wieder drauf wie´n Schablönder"; wenn einer in der Familie Quatsch erzählt, will er die anderen „verhohnepiepeln"; die Kinder sollen, wenn sie nach draußen gehen, den „warmen Beujs" anziehen und haben, wenn sie Gänsehaut haben, „et Hunderfriese", auch „Tüttefell" genannt. Dass bei uns mittags „Endivien döränn" (Endivien durcheinander), „Hähnchenballe" (Hühnerbeine) und „Pippers met Schlaat" (Kartoffeln mit Salat) auf dem Tisch stehen, ist normal.
Und vorm Essen gibt's das „Elf Ührke". Das Schnäpschen um elf. Heute gibt's das auch noch. Ist aber kein Apfelkorn mehr, sondern ein Sherry. Und heute sagt man: Aperitif.

„Tanti" und die anderen Tanten zu Besuch bei uns. Da gab's immer Schokolade und fünf Mark!

Tritt-vorm-Ball und Knickern

Tritt vorm Ball. Mit diesem Spiel verbringen wir Kinder Stunden. Okay, es ist mit dem Wissen von heute grammatikalisch nicht astrein, weil wir ja vor den Ball treten und nicht vor dem Ball. Aber wenn wir Niederrheiner bei Zeitdruck auf irgendetwas keine Rücksicht nehmen können, dann ist es der Akkusativ! Also: Zusammen mit den Nachbarskindern sind wir am Ball. Geht so: Einer muss fangen, alle anderen verstecken sich. An einer Stelle liegt ein Ball. Wenn der Fänger einen gefangen hat, muss sich der Gefangene an den Ball stellen. Und wenn der Fänger unterwegs ist, um ein anderes Kind zu suchen, kann jemand aus seinem Versteck laufen, schnell den Ball wegschießen und der Gefangene ist frei. Der Fänger muss derweil den Ball wiederholen und die Suche geht von vorne los. Dieses Spiel ist gemessen an der Weitläufigkeit der niederrheinischen Gehöfte ein Sisyphos-Spiel. Warum wir also mit diesem Spiel Stunden verbracht haben, liegt auf der Hand … Tritt-vorm-Ball – so heißt das Spiel bis heute bei uns. Andere kennen das auch, aber da heißt es anders! Im Freundeskreis haben wir festgestellt, dass eben dieses Spiel drei Kilometer nach rechts „Pött Pött Pött" heißt, acht Kilometer nach links heißt es „Ball wegschießen".

„Räuber und Gendarm" ist auch so ein gruppendynamisches Nachbarskinderspiel. Für uns hieß es allerdings „Räuber und Dschandahm". Wir haben uns in zwei Gruppen aufgeteilt. Die einen verstecken sich, die anderen suchen. Allerdings hatten wir einmal nicht genau formuliert, wo die Versteckgrenze sein soll. Einen halben Tag habe ich bei Nachbarn im Kuhstall gesessen, 400 Meter vom Starthof entfernt. Kann passieren, bei weitläufigen niederrheinischen Nachbarschaften. Niemand findet mich. Und ich gehe erst nach Hause, als Mama ganz laut ruft.

Noch ein Spiel, bei dem keiner verloren geht, und das wir Kinder vom Hof bis heute als „Exklusiv-Spiel" verbuchen können, ist „Knickern bei den Kaiser-Jungs". Die Eheleute Aymans vom Kaiserhof in der Nachbarschaft haben fünf Söhne. Und einen großen Kuhstall. Auf der „Dääl" im

Kuhstall sind Vertiefungen im Betonboden, Vorrichtungen, um Stangen einzustecken. Runde Löcher mit sechs Zentimeter Durchmesser. Wir haben uns hingehockt auf der Dääl, jeder hat Murmeln mitgebracht und von einer bestimmten Stelle aus musste die Murmel mit dem Finger in das Loch geschubst werden. Wer am schnellsten die meisten drin hatte, bekam die Murmeln des Gegners. Kassi, einer der Kaiser-Jungs, und mein Bruder hatten jeweils eine Zigarrenkiste voll mit Murmeln. Meine Schwester und ich meistens nur ein Säckchen. Abends sind die Finger verfranzt vom Schieben über den Boden. Und ich habe einen komischen Geschmack im Mund. Kommt vom Kuhtrockenfutter.

Das Baumhaus in unserer Straße gehört den Nachbarn, ist aber ein Klassiker von früher.

Schlitten fahren an der Hohen Mühle
in Uedem! Bis heute
der Renner zum Bergrunterfahren!

Schwein schlachten

Schlachttag! Schlachter „Jänn" hat ein Schwein geschlachtet, Papa hilft. Wir Kinder sind zu dem Zeitpunkt vermutlich dabei, die Schweineaugen an die Decke zu werfen.

Heute kommt Jänn." Wenn Mama das sagt, war unsere Kinderfrage vorher, was sie die ganze Zeit im Keller macht. Sie stellt den alten großen Tisch auf, den mit der dicken Platte, sucht Wannen zusammen und Gefriertüten. Papa hat derweil den Trecker mit Frontlader vor die Garageneinfahrt gestellt. Denn „Jänn" ist unser Schlachter. Ein wahrlich grobschlächtiger Mann, grauhaarig, für mich als Kind altersmäßig auf jeden Fall ein Opa, der nach getaner Arbeit in unserer Küche einen Schnaps trinkt. Oder zwei. Er kommt zweimal im Jahr, denn dann wird bei uns ein Schwein geschlachtet.

Ein Prozedere, das ich nun beschreiben möchte und den schnell ekelanfälligen Lesern empfehle, den Rest der Geschichte zu ignorieren.
Das Schwein wird aus dem Stall geholt, war vorher mit Kreide auf dem Rücken angemarkert. Ihm wird mit einem Bolzenschussgerät in die Stirn geschossen. Dann fällt das Schwein um und wird abgestochen, damit es ausblutet. Das macht Papa selbst, mit einem großen Messer aus Mamas Schublade.

Dann wird das Schwein mit den Hinterbeinen an den Frontlader gehängt, es wird aufgeschnitten, die Därme, bei uns „Pröllen" genannt, werden rausgeholt, das Tier wird in zwei Teile geteilt. Mit einer Art Axt. So. Undramatisch, blutig, natürlich, aber für uns Kinder ein völlig normaler Vorgang. Und dass das Tier nach dem Abstechen noch zappelt, liegt an den Nerven, in denen noch Kraft ist. Erklärt Papa.

Wenn Jänn dann kommt, um das Schwein zu zerlegen, beginnt die eigentliche Freude für uns Kinder. Wir wollen die Schweineaugen. Wenn wir die an die Kellerdecke werfen, bleiben die da oben nämlich hängen. Und wir spielen „Auge kleben". Regel: Wessen Auge als erstes runterkommt, der hat verloren.

Von diesem Spiel habe ich später den WDR-Kollegen in Köln erzählt. Die wissen bis heute nicht, ob sie mich um meine Kindheit beneiden sollen oder nicht. Irgendwann habe ich meine Eltern gefragt, warum Jänn irgendwann nicht mehr kam. Sie erzählten, dass Hausschlachtungen verboten wurden. Aus Hygienegründen und so. Schade. Denn „Pieren", also Würmer im Bauch, haben wir nie gehabt.

Kommunion

Wenn sogar die Fenster vom Schweinestall geputzt werden, wenn kein Grashalm eine Existenzberechtigung hat, der nicht auf dem Rasen steht, wenn sogar das Garagentor abgewaschen und der Hund gebürstet wird, dann ist etwas ganz Besonderes auf dem Hof: Die Tochter heiratet – oder sie geht mit zur Kommunion. In dieser Geschichte geht es um die Kommunion, obwohl es bei der Hochzeit einige Jahre später dasselbe Schauspiel war.

Kommunion 1980. Im Gummizugraffband-Kleid, das ein Muster am Bauch machte. Und auch juckte. Das Lächeln im Gesicht kommt angesichts der vielen Geschenke.

Eigentlich geht man am Niederrhein nicht zur Kommunion. Man geht zur Kommion. Und die Mädchen ziehen weiße Kleider an. Bei uns mussten es damals lange Kleider sein. Ein langes Kleid, dazu noch in Weiß. Für mich eine Katastrophe. Ich darf mich nicht dreckig machen, darf nicht klettern, darf nicht auf mein Pony springen.

Einfach so. Mit meiner Mutter gehe ich in das einschlägige „Kommion"-Kleidgeschäft in Kevelaer. Ich bin bis heute sauer, dass ich so was Doofes anziehen musste. Mit Gummiraffung am ganzen Oberkörper. Abends hatte ich Muster auf dem Bauch (das Kleid war 25 Jahre später übrigens Taufkleid für unsere Kinder, allerdings ohne Gummi …). Dazu ein Täschchen. Als wenn Mädchen mit neun Jahren haufenweise Zeugs mitzuschleppen hätten. Gameboy und Handy gab's damals nicht. Dafür hätte unser Pastor Weilke auch wenig Verständnis gehabt.

Die Aufregung ist natürlich groß, die Neugier auch. Beim Kommunionunterricht wird schließlich ein Riesengeheimnis um die Hostie gemacht. Und wir dürfen vorher auf keinen Fall eine probieren. Dabei wollen wir doch wissen, ob die wie Esspapier schmeckt! Dass sie am Gaumen kleben

bleibt und nach Verteilung der Kommunion durchaus nachhaltig am Gaumen wirken kann, das wissen wir heute.

Aufgeregt sind wir auch wegen der Geschenke. Am „Weißen Sonntag" kommen Nachbarn, Bekannte, geben Geschenke ab und kriegen dafür eine Tafel Schokolade. Wir feiern zu Hause. Und während der Messe ist unsere Nachbarin da, um Geschenke anzunehmen. Für uns Kinder ein herrschaftliches Gefühl. Jemand hütet unser Haus! Abends, nach dem Auspacken, na ja. Die Ausbeute erinnert an Aussteuer: So viele Stofftaschentücher mit eingestickten Initialen passen in kein Täschchen. Und so viele Lexika, dazu die Kette mit Kreuz-Anhänger. Okay, die Armbanduhr und das neue Fahrrad reißen es wieder raus.

Und, dass ich am Kommunionsnachmittag für eine Stunde mein Kleid ausziehen darf. Weil ich schnell aufs Pony möchte und meine Eltern nicht mit einem Kind zur Nachmittagsandacht möchten, das Ponyhaare am gummigerafften Kleid hat.

Ich und mein erstes Pony Heidi. Störrisch (das Pony), aber zuverlässiger Kumpel bei wilden Ausritten durch den Wald.

394

Ponyfreiheit

Wir treffen uns sternförmig an der Feldwegkreuzung. Jutta auf Jasmin, Annette auf Polly und ich auf Heidi. Zusammen reiten wir auf unseren Ponys zur Reitstunde. Die Reithalle liegt etwa vier Kilometer von unseren Heimathöfen entfernt. Wir sind zwischen zehn und zwölf Jahre alt. Und wir haben großen Spaß, diese Freiheit ist selbstverständlich. Angstfrei, sorgenfrei, unkompliziert. Jutta kann „Ute, Schnute, Kasimir" so singen wie in der Werbung, Annette muss immer so lachen, dass sie einen roten Kopf kriegt und fast vom Pony fällt. So gackern wir in Richtung Reitstunde. Anschließend der Weg wieder zurück. Wir trennen uns mitten auf dem Feld, da, wo sich die Wege kreuzen.

Andere Teenager hingen in der Disco, ich lieber auf dem Pferd. Als 15-Jährige mit meinem Pferd „Diana" beim Springturnier in Winnekendonk. Erfolge wurden nicht überliefert.

Und nicht nur das. Mit unseren Ponys verabreden wir uns sonntags vormittags zum Ausritt im Wald. Wir tragen Reitkappen, Gummireitstiefel, haben Getränke dabei, picknicken im Wald, wir springen über kleines Geäst und verjagen „Bremsen". Das sind die fiesen Fliegen im Wald, die die Ponys ärgern.

Beim Stoppelfeld gibt's kein Halten mehr. Dann geben wir Vollgas. Höhepunkt unserer Ponyzeit ist die Übernachtung auf dem Stroh bei Jutta, auf dem „Holthuisenhof". Die Ponys stehen im Stall, wir haben Schlafsäcke dabei, liegen oben überm Kuhstall, quatschen, kichern, schlafen, und am nächsten Morgen reiten wir weiter.

Jahre später weiß ich nicht, wie diese paradiesischen Zustände damals möglich waren. Die Ponys hätten scheuen, austreten, weglaufen, beißen, Trecker hätten uns umfahren, wir hätten in Stacheldrähten hängen bleiben können. Angst, die gibt's nicht damals. Wir haben diese Zeit genossen.

Ponyfreiheit

Manchmal reiten wir zu meiner Cousine Elke nach Altkalkar, am Kalkarer Berg. Sie hat auch ein Pony, und da gibt es einen extrem steilen Abhang hinten in der Wiese. Den reiten wir runter. Quietschend vor Freude. Wie wahnsinnig waren wir denn? – das denke ich heute.
Später werden die Pferde größer, die Ausflüge kleiner. Mein großes Pony heißt „Diana", das von Annette „Percy", Jutta bekommt gleich ein Großpferd, an den Namen kann ich mich nicht mehr erinnern. Und dann fordert die Schule mehr Zeit, die Freizeit ist mit Musikunterricht und Karnevalsballett anders verplant. Diese Immenhof-Zeit geht heimlich zu Ende.
Jutta ist bis heute im Reiterverein aktiv, Annette lebt in Köln und ich, ich habe immer noch den Traum, wieder mit einem, meinem Pferd durch den Wald zu reiten, Bremsen zu verjagen und beim Anblick eines Stoppelfeldes Gas zu geben. Und Galopp zu spüren. Und ich bin sicher: Annette und Jutta täten es auch. Wir sollten uns mal wieder treffen. An der Kreuzung auf dem Feldweg.

Ich mit Pony „Diana" und dem legendären von Mama gestrickten Norweger-Pulli (1983), den ich später sogar noch zur Disco anhatte.

Berufswünsche

Tierärztin. Nichts anderes. Das werde ich. Dr. med. vet. Steffi Neu. Das Namensschild für meinen Kittel bastele ich mit 13 und pappe es an einen blauen Kittel meines Vaters. Pferde, Kühe, Schweine und Hunde – die will ich behandeln. Nicht dieses Kleinvieh, diese Kaninchen, Hamster und Vögel. Wie bei „Der Doktor und das liebe Vieh" im Fernsehen. Ich liebe diese Serie!

Dr. Jupp ist mein Vorbild. Das ist der Tierarzt, der zu uns auf den Hof kommt. Der unsere Schweine impft und unseren Ponys die Wurmkur verpasst. Sein Mercedes ist bis oben voll mit Kisten und Kartons, mit Spritzen und Medikamenten. Das Auto ist immer schmutzig, weil er durch unbefestigte Wege zu den Gehöften muss. Bei Dr. Jupp zu arbeiten, das ist der Traum.

Tagelang bin ich bei ihm in der Praxis. Fahre mit ihm vom einen Bauern zum anderen. Wir besamen Kühe, wir holen Kälber auf die Welt, wir operieren Binneneber (männliche Ferkel, bei denen der Hoden innen liegt), wir schleifen Pferden zu lang gewordene Zähne ab (weil sie deswegen nicht mehr kauen können), wir operieren Kühe am Labmagen (wird mit einem normalen Knopf am Unterbauch fixiert). Der einzige Unsicherheitsfaktor bei den Hofbesuchen sind die mitunter freilaufenden Hofhunde, die Fremden gegenüber sehr misstrauisch sind und manchmal ordentlich Biss haben.

Meine Standardaufgabe bei Jupps Fahrten ist, dass ich bei den Untersuchungen den Kuhschwanz festhalte. Ich stehe neben der Kuh im Stall. Dabei muss ich aufpassen, dass sie mir nicht auf die Füße tritt. Mit dem rechten Arm lehne ich auf dem Kuhrücken und halte den Schwanz fest, damit Dr. Jupp mit dem plastikbehandschuhten Arm in die Kuh greifen kann. Bis zum Oberarm steckt der drin, in der Kuh. In einem Röhrchen – sieht aus wie ein ganz langer Strohhalm – wird das Sperma eingeführt. Von einem Bullen, den sich der Bauer vorher ausgesucht hat. „Ted" ist damals der Renner. So besamen wir Kuh um Kuh. Klappt nicht immer. Aber manchmal darf ich auch bei der Geburt eines Kälbchens dabei sein. Lieber macht die Kuh das allein, ohne dass jemand dabei ist. Aber wenn das Kälbchen falschherum liegt, dann wird Dr. Jupp gerufen.

Dieser Beruf – bis heute für mich ein Traum. Gescheitert ist es an einer simplen Sache: Um Tiermedizin zu studieren, hätte ich nach Hannover gemusst. Oder nach Gießen. Schon beim Gedanken daran kriege ich als Schülerin Heimweh nach Hause, nach meinem Niederrhein. Bis heute. Außerdem hat Papa mir damals gesagt, dass er nicht mein Assi werden will, der die Kuhschwänze festhält. Und ganz allein von Hof zu Hof fahren, womöglich einem mies gelaunten Hofhund entgegen – na ja, ist so schon gut gelaufen.

Frohe Kühe am Niederrhein in Uedemerbruch

Gelernt ist gelernt

Schreibmaschine, Steno, stricken, häkeln, stopfen, knüpfen, nähen, backen, Trecker fahren und tanzen" – leiere ich gerne runter, wenn ich gefragt habe, was ich eigentlich kann. Das habe ich gelernt, als Mädchen vom Niederrhein, als Bauerntochter, der eigentlich nichts Besseres hätte passieren können, als einen gescheiten Job in der Bank zu kriegen. Wollte sie aber nicht, die Tochter.

Für Schreibmaschine, Steno und Tanzen werden entsprechende Kurse besucht, den Rest haben meine Eltern übernommen. Dass wir Mädchen zeitig eben diese Kurse besuchen, ist ungeschriebenes Gesetz: im 8. Schuljahr Tanzschule. Jeden Sonntag. Mein erster Tanzkurssonntag ist der Sonntag, an dem die erste Folge der Lindenstraße im Fernsehen läuft. Und mein Tanzpartner ist Olaf. Der Olaf, den ich im Kindergarten unbedingt heiraten wollte, weil er als Berufswunsch Polizist angab. Dem ich aber als Vierjährige ein Loch in den Kopf gestoßen habe, weil er mich geärgert hat. Damals kam ich von der Kindergartentoilette und hatte den Wasserhahn nicht mehr zugekriegt. Olafs Fehler war zu meinen, „dass Mädchen für so was zu doof sind". Habe ihn geschubst, er fiel auf die Stuhlkante, Loch im Kopf, und ich musste mittags mit einem Geschenk zu ihm nach Hause, zum Entschuldigen.

35 Jahre später kommt unser Sohn aus der Schule (1. Schuljahr). Er geht mit Olafs Tochter in eine Klasse. Er habe sie geärgert, müsse ihr nun einen Entschuldigungsbrief schreiben. Habe ihm als Mutter (zugegebenermaßen wenig pädagogisch wertvoll) erzählt und begründet, dass er es schlimmer hätte treffen können …

Mit allemann auf'm rosa Sofa. Dieses „rosa Sofa" stand lange bei uns zu Hause im „guten Wohnzimmer". Bei besonderen Anlässen wurde da gesessen: An Geburtstagen, bei geschäftlichen Gesprächen meiner Eltern und natürlich an Weihnachten! Die drei Neu-Geschwister (Burkhard (Jg. 68), Marion (Jg. 72) und Steffi (Jg 71) mit dem Gläschen Sekt an Weihnachten 1986. Vermutlich war Wasser drin …?

Auf jeden Fall hat Olaf dieses Loch gut verpackt und mich zur Tanzpartnerin gewählt. Bis zum Ende: zum Abschlussball im weißen Rock mit türkisfarbener Seidenbluse mit Achselnässemonden unterm Arm und Riesenpickel am Kinn. Dafür sind wir in den Vortanzgruppen für Walzer, Foxtrott und Rumba! Neulich auf einer Fete hätte ich einen Tanz mit Olaf mal wieder schön gefunden. Aber der hatte plötzlich Rücken oder so …

Abiball 1990 des städtischen Gymnasiums Kalkar! Wir haben die 9 der 90 umgedreht, dann kam 60 raus, und das war das Motto unseres Abiballs: 60er Jahre. Das blaue Kleid hat unsere Dorfschneiderin „Heidel" geschneidert, es hängt bis heute im Schrank … und passt! Die beiden anderen, der Große und der Kleine, sind bis heute Freunde und wir drei das Abitreffen-Orgateam. Olaf und Heinzi. Wir haben den Abend damals gemeinsam moderiert. Mein erster semi-öffentlicher Auftritt als Moderatorin …

Kirmeszelt

Um 17 Uhr geht sie los. Eintritt kostet eine Mark. Bei unserer Dorfdisco im Kirmeszelt. Große Aufregung. Bauchgrummeln. Die Jeans sitzt ein bisschen spack am Bauch. Aber im Liegen geht sie zu. Der Pulli ist total cool. Mit „Flashdance" vorne drauf. Das ist dieser Tanzfilm im Kino. Mit großem Kopfausschnitt. So groß, dass immer eine Schulter rausguckt. Ich muss ein T-Shirt mit engem Hals drunterziehen. Hat Mama gesagt.

Und die Schuhe sind diese hohen weißen Turnschuhe mit den schwarzen Streifen. Alles so, wie es sein muss. Auch die Pickelfamilie am Mundwinkel. Die musste auch sein. Weiß ich heute. Damals ärgert sie mich, aber ich bin selbst schuld. Hab´ zu viel dran rumgeknibbelt.

Papa bringt mich hin zum Kirmeszelt. Es wird langsam dunkel. Kirmes ist immer, wenn Kartoffelernte ist. Im Oktober. Darum haben Papa und Mama schon mal nicht Kirmes feiern können. Weil sie aufs Feld mussten.

Um 17 Uhr ist kaum jemand da. Die Lichtorgel, damals heißt sie schon „Light show", strahlt bunt durch das Zeltdach. „Self control" von Laura Branigan läuft. Ich tanze. Weil ich immer gleich tanze. Auch als erste allein auf der Tanzfläche. Das macht mir nichts aus, weil Papa ja um 21 Uhr schon wiederkommt, um uns abzuholen.

Jedesmal wenn BAP läuft, mit „Verdamp lang her" – dann kommt Papa. Immer, wenn die Großen so cool tanzen, wenn sie den Text mitsingen, den ich noch nicht mal verstehe. Dann werde ich abgeholt. (Hier nebenbei bemerkt: Ich habe Wolfgang Niedecken davon erzählt, als BAP bei WDR2 ein Konzert gegeben hat. Den Titel „Verdamp lang her" hat er angesagt mit den Worten: „Für Steffi Neu, weil die ausnahmsweise jetzt nicht ins Bett muss …")

Dennoch und gerade drum: Diese Kirmesdiscozeit in den 1980ern, die hat viele Niederrheiner geprägt. Auf dem größten freien Platz des Dorfes wird ein großes Festzelt aufgebaut. Vier Tage wird gefeiert. Jeden Tag für eine andere Altersklasse. Das hat sich bis heute nicht geändert. Wenn Kirmes ist, ruft die Heimat. Gerade die, die mittlerweile weit weg leben. Um die Kumpels wiederzusehen, um eine unkomplizierte Fete zu feiern: in alter Jeans mit Flasche Bier. Später Sektbar. Eine mit Tarnnetzen abgehängte Ecke im Zelt. Das ist Feierkultur. Die haben wir tief eingesogen. Und lassen sie nicht mehr raus.

Wer hat mir denn da den Pony geschnitten? Mama meinte von Weitem, sie habe das gemacht. Beim näheren Hingucken hat sie´s abgestritten. Vermutlich war ich´s selber. Dieses Foto ist im dritten Schuljahr der Grundschule Keppeln entstanden. Die Halskette war damals mein Lieblingsteil, auf der Kirmes geschossen. Und die Macke am Kinn: Da war die Fahrerin schneller als das Fahrrad, als das Vorderrad plötzlich blockierte … . Die Narbe habe ich bis heute.

Purzel, Anton, Paul und Sam

Um die Geschichte gleich zusammenzufassen: Eigentlich haben alle Tiere, die während meiner Kindheit und Jugend bei uns auf dem Hof sind, salopp ausgedrückt, einen an der Klatsche.

Von Katze über Vogel hin zu Hund und Pferd – alle sind außergewöhnlich bis merkwürdig. Fangen wir mit Wuzzi an. Nach ihm ruft Großtante „Tanti" immer laut und schrill: „Wuzzi, Wuzzi, Wuzzi!" Der kann aber nie weit sein, auch nie vor dem Rufen flüchten, weil er uralt und entsprechend fußlahm ist. Das hohe Alter kann ihn allerdings nicht davon abhalten, uns Kinder nicht leiden zu können. Vielleicht liegt seine tiefe Unzufriedenheit darin begründet, dass er eher auf der Welt war als wir lästigen Blagen. Vielleicht liegt sie auch daran, dass er gar nicht „Wuzzi" heißt, sondern „Purzel". Der süße Name Purzel täuscht womöglich darüber hinweg, dass Purzel ein grauer, frecher Spitz ist, ein echter Hofhund. Wir Kinder haben Angst vor ihm, weil er schnappt und immer schlecht gelaunt ist. Aber als es sich irgendwann „ausgewuzzit" hat, da haben wir die Chance – einen schmusigen, lieben, tollen Hund zu kriegen! Einen Hofhund, der sich freut, wenn jemand kommt! Der deswegen ein Wachhund ist, weil man ihn bei Gefahr wach machen muss.

Kommt auch so. Ein paar Jahre brauchen meine Eltern schon, um sich mit dem Gedanken anzufreunden, aber dann kommt Sam. Ein Berner-Sennen-Rüde. Ein echter Charakter. Wir haben ihn alle so lieb! Er fährt mit auf dem Trecker, er läuft treu über den Hof, er liegt unterm Tisch auf unseren Füßen und auf dem Sofa und guckt aus dem Fenster. Er kann lachen und weinen, sich freuen und traurig sein. Er ist sogar einmal bei einer Hundeausstellung! Zerreißt aber seine Leine und haut ab. Keinen Preis kriegen, aber Eindruck hinterlassen, das schafft er. Sam ist eben ein Typ und volles Familienmitglied. Als er stirbt, viel zu früh mit sieben Jahren, hängt die Fahne auf Halbmast. Das erste Mal, dass meine Familie richtig um ein Tier weint. Dabei gibt es bei uns immer Tiere, aber nie hängt unser Herz so an einem wie an Sam.

Es hat zum Beispiel Anton gegeben. Eine Katze. Vor Sams Zeit. Eine von vielen Katzen, die auf unserem Hof leben. Mal länger, mal kürzer, weil die meisten von ihnen ihr Leben unter Treckerreifen oder an der Landstraße lassen. Die Katzen auf unserem Hof kommen nicht ins Haus. Ein Prinzip meiner Mutter. Anton widersetzt sich diesem Prinzip. Er hat sich schon seinem Namen widersetzt, weil Anton ein Mädchen ist. Meine Schwester verliebt sich damals in diese graue kleine Babyhofkatze. Mit dem Ergebnis, dass Anton sogar auf Papas Decke auf dem Sofa liegen darf. Abends muss er aber nach draußen. Dann hören wir Kinder es nachts kratzen und murren auf dem Dach. Irgendwann hat Anton rausgefunden, dass meine Schwester da oben residiert und guckt von oben durchs Schrägfenster in ihr Bett. Mit dem Ergebnis, dass Anton die

Sam, der treue Berner-Sennenhund. Ein Freund der ganzen Familie, konnte lesen und schreiben. Innerlich. Bestimmt.

Nacht doch im Haus verbringt. Heimlich. Dass Anton eines Tages nicht mehr da ist, verdrängen unsere Eltern anfangs mit scheinbarem Unwissen. Später finden wir raus, dass auch Anton überfahren wurde.

Paul, der Pfau, den der Fuchs geholt hat. Ein schönes Tier, aber wenn er sich um seine Notdurft genauso viel Gedanken gemacht hätte wie um sein Aussehen, wäre uns einiges an Autolackreinigung erspart geblieben.

Ein weiteres Spezi auf unserem Hof heißt Paul. Paul ist ein Pfau. Er ist uns zugelaufen. Paul sitzt auf dem Zaun, läuft durch die Hühnerwiese, schlägt sein Rad, findet sich schön. Er läuft auch über den Hof. Gerne bis zum Wohnhaus, spiegelt sich in der Balkontür und erschreckt so halbnackte Menschen, die im Haus unterwegs sind, weil sie aus dem Bad kommen. Irgendwann schaffen wir für Paul eine Frau an. Sie heißt Gilla. Paul und Gilla sitzen jetzt beide auf dem Zaun, laufen übern Hof und machen gemeinsam riesige Haufen auf glänzende Autos. Irgendwann ist Gilla weg. Sie endet unter einem Autoreifen. Das verkraftet Paul nicht. Von da an sitzt er am liebsten oben im Baum und ruft. Bis auch eines Morgens Paul weg ist. Nur Federn und Blutspuren sind da. Der Fuchs hat ihn geholt.

Dann gibt's bei uns immer mindestens ein Pferd. Maximal zwei. Meines heißt Darling. Rappstute. Ist schön und dumm, schick und lieb. Darling schafft es, im Pferdestall so hoch gegen die Eisengitter zu treten, dass sie mit einem Hinterbein

zwischen zwei Stäben festhängt. Dann fällt sie um, hängt mit dem Bein nach draußen. Andere Pferde hätten sich werweißwas gebrochen. Nicht so dieses Tier. Der Schmied musste kommen, flexen, dann steht sie auf, als wäre nichts gewesen. Und hat Hunger.

Dann gibt es noch den Sittich aus der Kindheit. Der ist uns zugeflogen und hat eine Zeit lang bei uns in der Küche einen Käfig. Das geht so lange gut, bis er oben auf dem Balken über Mamas Herd sitzt und Dinge aus ihm rausfallen, die die Mama nicht im Topf haben will.

Dann gibt's da noch den Hund, den ich mit nach Hause bringe, weil ich überzeugt bin, man habe ihn ausgesetzt. Naja, die Stelle, an der ich ihn jämmerlich weinend angebunden gefunden habe, war die Haustür des Besitzers. Habe ihn auf Mamas Drängen dann doch zurückgebracht.

Hofsommeridylle bei uns zu Hause. Bis heute. Hier verstopfen noch die Katzen den Eingang zum Hühnerstall.

Hofkalender

Im Frühjahr ist viel los auf'm Hof, weil Kartoffeln gepflanzt werden müssen. Im Sommer ist viel los auf'm Hof, weil Getreideernte ist. Im Herbst ist viel los wegen der Zuckerrüben. Und im Winter ist auch oft viel los, weil die Wasserleitungen am Schweinestall zugefroren sind. Da soll noch mal einer sagen, bei uns auf dem Land wäre nichts los!

Im Winter hat Papa Geburtstag. Ich auch. Am selben Tag. Dann gibt's Papas Reste für meine Gäste. Im Februar ist Karneval. Dann ist die ganze Familie hibbelig, weil wir alle das entsprechende Gen haben, das diese Hibbeligkeit verursacht!

Zu Ostern gibt's ein Osterfeuer auf dem Hof. Die Äste der geschnittenen Bäume werden auf einen riesigen Haufen geworfen. Papa ist während des Feuers allerdings viel mit Trecker und Frontlader unterwegs, um das Feuer so aufzuhäufen, dass es möglichst komplett aufbrennt.

Im Sommer zur Erntezeit macht Mama Früchtetee mit Eis, damit die Erntehelfer genug zu trinken haben. Dieses Getränk geht nur, wenn die Strohballen abfahrbereit auf dem Feld liegen! Das Treckerfahren, wenn Strohballen eingeholt werden, ist eine hohe Kunst. Damals stand Mama

1	2	3	4	5
10	11	12	13	14
19	20	21	22	23
28	29	30	31	

hinten auf dem Hänger und hat die Ballen geladen, die Papa mit der Mistgabel aufgesteckt hat. Irgendwann war Mama so hoch oben, dass ganz vorsichtig angefahren werden musste. Kein Ruckeln mit der Kupplung, weil Mama da oben sonst womöglich gestrauchelt wäre. Und im Sommer sitzen wir auch mit Butterbroten auf dem Feldweg, weil wir Papa um vier Uhr mittags Kaffee zum Feld gebracht haben. Mit Butterbrot für ihn – und uns.

6	7	8	9
15	16	17	18
24	25	26	27

Mai

Im Herbst ist Kirmes und wir kriegen eine neue Jacke! Dann ist außerdem Zuckerrübenzeit. Papa ist viel im Dunkeln mit dem Trecker unterwegs. Mit zwei Hängern hintendran. Voll mit Zuckerrüben. Die werden zu Pfeiffer&Langen nach Appeldorn gebracht. Früher hatte Papa noch keine geschlossene Fahrerkabine auf dem Trecker. Ich weiß noch, wie er sich gefreut hat, als wir einen Trecker bekamen mit geschlossenen Fenstern, Heizung und Radio!

Im Winter ist es ruhiger. Dann nimmt Papa sich bei Schnee die Zeit und hängt die Schlitten hinter den Trecker, um uns Kinder um den Hof zu ziehen.

Das ist mein persönlicher Jahreszeiten-Hofkalender. Und an diesen Bräuchen, Gerüchen und Pflichten hat sich bis heute nicht viel geändert.

Papa und Mama fahren die Ernte nach Hause. Heute sind die Trecker größer, die Wagen höher und Mama hat den schicken Hut nicht mehr.

Osterferienattraktion 1985: Wir haben einen neuen Trecker, bei dem wir sogar hinten drauf sitzen können. Alle Kinder stolz. Papa auch.

Stroh-Einfahren. Einer muss langsam fahren, einer steckt die Strohballen aus, einer muss den Wagen so stapeln, dass er beim Fahren nicht auseinanderfällt. Ist meistens gut gegangen.

Danksagung

Dieses Buch ist ein Dankeschön. Ein Dankeschön am meine Eltern, Heinrich und Alwine, die uns Kindern eine wundervolle Kindheit in wunderbarer Umgebung schenkten. Sie haben mir beide geholfen, die Bilder auszusuchen und meine Geschichten abgerundet. Und „Danke" auch an meinen Mann, der die schönen Landschaftsaufnahmen beigesteuert hat, und an meine Familie und Freunde, die meine lästigen Fragen zu früher immer geduldig beantworteten.

Steffi Neu

Über die Autorin

Steffi Neu, Jahrgang 1971, ist in Uedem im Kreis Kleve aufgewachsen. Auf dem Hof ihrer Eltern. Dem Fehlemannshof. Die Liebe zum Niederrhein, zum Landleben, zu den Menschen der Region, den Traditionen und liebenswerten „Fissematenten" hat sie bis heute dort gehalten.

Als Journalistin, Autorin, Referentin, Coach und in erster Linie Moderatorin arbeitet sie beim WDR in Köln. Die A57 ist ihr Wohnzimmer. Da verbringt sie mehr Zeit als auf dem Sofa. Sie hat in Bonn Politische Wissenschaften, Psychologie und Staatsrecht studiert, anschließend beim WDR volontiert; sie war Redakteurin bei der jungen Welle des WDR, bei Eins Live. Seit 1997 ist sie freie Moderatorin beim WDR.

2016 bekam Steffi Neu den „Deutschen Radiopreis" in der Kategorie „Bestes Interview", 2005 erhielt sie den Medienpreis „Silbernes Pferd" im Rahmen des CHIO in Aachen, sie ist Eselsordenträgerin der Stadt Wesel und Trägerin des „Entenordens" der KG Rote Funken Recklinghausen.

Steffi Neu ist verheiratet und hat zwei Kinder.

Impressum

In gleicher Ausstattung erschienen:

Ich lebe am Niederrhein. Immer noch. Und nach dem „Kindsein am Niederrhein" gibt es nun „Neulich am Niederrhein". So heißt auch meine Rubrik in der NRZ-Beilage „Heimat am Niederrhein". Seit vielen Jahren darf ich hier Kurzgeschichten schreiben: Über Dinge, die passieren, die passiert sind, die wertig für mich sind und sicherlich auch für Sie. Und über meine Familie, die Kinder, die in den ersten Kolumnen gerade geboren waren und mittlerweile Teenager sind."

Bibliografische Information der Deutschen Bibliothek:
Die Deutsche Bibliothek verzeichnet diese Publikation in der Deutschen Nationalbibliografie; detaillierte bibliografische Daten sind im Internet über http://dnb.dnb.de abrufbar.

Fotos: Privatarchiv Familie Neu und Markus Bremers

Lektorat: Susanne Nagels

Gestaltung: punktgenau GmbH, Bühl

2. Auflage 2018 by Mercator-Verlag OHG
www.mercator-verlag.de
Druck: LUC-Medienhaus, Greven
ISBN 978-3-946895-25-1